Copyright © MMXIX
di Gaetano Malandrino

ISBN 978-0-244-25333-2

I diritti di traduzione, di memorizzazione
elettronica, di riproduzione e di adattamento
anche parziale, con qualsiasi mezzo, sono
riservati per tutti i Paesi.

Verso una architettura
# Low Tech

di Gaetano Malandrino

*Prefazione.*

*A distanza di oltre un decennio, rileggendo questo saggio giovanile, colgo in tutta la sua pienezza la modernità di un ritorno ad una architettura sostenibile e biocompatibile . Se prima ciò emergeva quale auspicio intellettuale, adesso ritorna come emergenza fattuale ...*

*Al di fuori di contesti prettamente modaioli, si vuole aprire una finestra su un mondo lontano, quello dell'architettura "vernacolare" o per meglio dire autoctona, spesso basata sul principio della auto-costruzione, un tempo molto presente anche in Italia e cancellata dal dio cemento negli ultimi sessanta anni!*
*L'essere umano, nella sua componente animale è in continuo rapporto con un ecosistema, cioè con quell'ambiente più o meno antropizzato con il quale interagisce. L'ambiente in quanto tale, ed ancor più quello edificato, determina nell'uomo oltre a condizionamenti psicologici, fisiologici, anche dei condizionamenti "costruttivi".*

# Verso una Architettura biologica?

Negli ultimi anni, si è diffusa nella coscienza collettiva il bisogno di riscoprire un senso di naturalezza, di genuinità, di tradizione che fino a pochi anni fa sembrava davvero impensabile. Sarà il continuo peggioramento del nostro ecosistema, una opposizione a questo tecnicismo esasperato (si va verso il tecnopolio?) o la semplice constatazione che il mondo sta cambiando, e non in meglio? Sarà quello che ognuno di noi vorrà, ma la status di omologazione ad ogni costo inizia a creparsi!
Ultima riscoperta in ordine di tempo è la rivalutazione del "*genius loci*"[1], propugnata qualche anno fa da Cristiano Norberg Schulz, uno storico dell'architettura.
Al di fuori di contesti prettamente modaioli, questo articolo, primo di

---

[1] Cioè quello spirito cognitivo, costruttivo presente in ogni popolazione e che viene raggiunto attraverso la sedimentazione millenaria delle esperienze.

una serie, vuole aprire una finestra su un mondo lontano, quello dell'architettura "vernacolare" o per meglio dire autoctona, spesso basata sul principio della autocostruzione, un tempo molto presente anche in Italia e cancellata dal dio cemento negli ultimi sessanta anni![2]

L'essere umano, nella sua componente animale è in continuo rapporto con un ecosistema, cioè con quell'ambiente più o meno antropizzato con il quale interagisce. L'ambiente in quanto tale, ed ancor più quello edificato, determina nell'uomo oltre a condizionamenti psicologici, fisiologici, anche dei condizionamenti "costruttivi".

El Edrisi, il grande geografo mussulmano, vissuto in periodo normanno, nel suo "Libro di

---

[2] Ma anche il tempo avrà le sue ragioni…il cemento ha una vita media di 150 anni, nel migliore dei casi!

Ruggero"[3] descrive il Vallo di Noto[4] come *"loco pieno di sassi"*, ebbene questa semplice constatazione ha in se tutta una serie di conseguenze, che andrò brevemente elencando.

Innanzi tutto, nella Sicilia sud-orientale il paesaggio è dominato da opere in pietra a secco: muri di confine, stalle, pagliari, mandrie, nivere (quasi sempre edifici minori) vengono realizzati con tale sistema costruttivo; in tali aree la logica del mattone non fiorisce, perché è più economico recuperare la pietra, che inoltre risolve il problema di smaltire quella massa enorme di roccia prodotta dal dissodamento dei terreni.

Ebbene, l'ecosistema "Sicilia sud-orientale", con la sua scarsa presenza di boschi, di "terra" ed invece caratterizzato dalla grande

---

[3] Ibn Idris, "Kitab Rugiar: Sollazzo per chi diletta girare il mondo"
[4] L'unità amministrativa musulmana

abbondanza di roccia, ci ha condizionati profondamente; non solo, ma tali eventi si sono ripetuti in tutte quelle zone dove si ripresentavano gli stessi "ingredienti", come ad esempio la Puglia meridionale!

Tale paesaggio, di cui la Valle d'Itria è la località per antonomasia, è caratterizzato da costruzioni in pietra a secco la cui perizia costruttiva ne ha determinato non solo la longevità, ma anche la creazione di una tipologia edilizia: il trullo. Ciò ad esempio non è avvenuto nella Pianura Padana, o nelle zone alluvionali, dove la pietra è quasi inesistente e la presenza di terra ha dato vita al mattone (in terra cotta o cruda) ed alla sua architettura.

L'ambiente, che secondo la teoria darwiniana dell'evoluzionismo seleziona l'individuo più rispondente alla necessità della sopravvivenza della specie, determina allo stesso modo la tecnologia e spesso la tipologia costruttiva più rispondente alla primaria necessità dell'uomo: il riparo.

La *"tenda nera"* delle popolazioni nomadi dell'Africa sahariana, o la *"Yurta"* mongola delle steppe, potranno offrici una serie di spunti e di riflessioni su quali e quante novità ci siano state nel campo dell'architettura negli ultimi 5000 anni. E forse ci avvicineranno in maniera innovativa al concetto di bio-architettura.

In fondo che differenza c'è fra un Igloo esquimese ed un trullo? Solo il materiale, perché i requisiti di natura economica e tecnologica sono i medesimi.

Avola, cda S.Elia (Sicilia, Iblei orientali). Un tipico esempio di costruzioni integrate con la natura e la morfologia del territorio.

# L'arte della pietra a secco

La presenza di pietra copre ampie zone geografiche del nostro pianeta, vere e proprie macro-regioni, dove, sia per motivazioni geo-litologiche, sia culturali, gli studiosi si trovano di fronte ad insolite comunanze negli stili e nelle forme dei manufatti, di civiltà spesso distanti non solo geograficamente ma anche temporalmente.

La pietra, quindi, in molte aree della terra rappresentava un bene di facile reperimento, ma talvolta diveniva un serio problema, soprattutto per chi doveva operare nel campo agricolo.

Nell'area mediterranea *"spietrare"* era non solo il segno dell'apertura della stagione agricola, con la sua ciclica attuazione, ma anche e soprattutto un gesto di civiltà. Tale gesto presupponeva una crescita del sapere umano, una conquista scientifica e tecnologica, una risposta ad una esigenza di miglioramento delle qualità produttive di un terreno. Nello stesso tempo l'alta presenza di pietra influenzava i comportamenti costruttivi dell'uomo rispetto alla primaria esigenza del riparo.

In aree prive di legno e di terra da costruzione, laddove non era possibile contare nemmeno su cavità naturali o su buoni banchi di roccia tenera da cavare, la risposta abitativa fu data dall'utilizzo della pietra per realizzare a secco qualche tipo di capanna. Questa attività ben si accompagnava alla necessità di smaltire, sistemare l'enorme quantità di materiale litico frutto delle operazioni di bonifica.

Attraverso rudimentali attrezzature litiche, l'uomo già tra il neolitico e l'eneolitico produsse mirabili esempi di tali architetture, che evolvendosi nel tempo diverranno le *casite* istriane, le *pinnette* tirreniche, i *nuraghi* sardi, i *trulli* pugliesi ed i *"pagghiari"* dell'altopiano ibleo.

Tutte queste tipologie, caratterizzate dalla costruzione senza l'ausilio di malta o altri leganti, possono essere suddivise in due grandi categorie: gli edifici la cui copertura è anch'essa realizzata in pietrame, solitamente di forma tronco conica, e quelle la cui copertura è realizzata con elementi vegetali e/o laterizi, di forma genericamente squadrata[5]. Muro a secco :Elementi tipici del paesaggio rurale sono i muri di pietra a secco, eretti sin dai tempi più remoti allo scopo di marcare il territorio. Inizialmente i primi argini sono comparsi come un mucchio di pietre informi accumulatosi durante le operazioni di coltivazione e bonifica della terra. Sorgevano così i primi limes segni di delimitazione e definizione del territorio.

Le Finalità•Protettiva dagli agenti atmosferici in quanto veniva rallentata la velocità del vento e

---

[5] Cronologicamente più recenti.

aumentato il tasso di umidità del terreno.
•Di recinzione del bestiame .
•Di difesa dalle incursioni di animali selvatici.
•Di delimitazione fra diverse proprietà, come risultato del processo di occupazione delle terre demaniali.
•Quale sostegno e paraterra lungo i declivi.

Per gli edifici del primo tipo, come i nuraghe, i trulli o i "*scifi*" a capanno della nostra area, la struttura è molto simile[6]; essa è realizzata con blocchi di pietra sovrapposti a secco e disposti secondo cerchi concentrici, il cui diametro tende a diminuire fino ad annullarsi nella parte interna, costituendo il classico profilo a pseudo volta[7].

---

[6] Cambiano solamente le dimensioni ed i sistemi di aggregazione soprattutto per i nuraghe

[7] Cioè la chiusura di uno spazio attraverso ennesimi piccoli aggetti

La struttura verticale disposta seguendo un solco tracciato nel terreno, è costituita da due paramenti in pietrame a secco formanti tra di loro una intercapedine successivamente riempita con terra e piccole pietre[8]. Le dimensioni dei blocchi di pietra, spesso appena abbozzata, altre volte finemente lavorata, tendono a diminuire con la chiusura della copertura, mentre l'accesso, di forma rettangolare, presenta solitamente un' architrave costituito da un'unica lastra di calcare. All'esterno una scala ricavata nella stessa struttura di elevazione, consente di raggiungere la sommità della costruzione, che soprattutto nella tipologia siciliana ha sovente il tetto piano a terrazza[9], contrariamente a quello specificatamente pugliese la cui

---

[8] Questo consente
[9] La copertura a pseudo volta è celata all'esterno da un terrazzamento.

etimologia deriva proprio dalla sola copertura conica, derivando dal greco (cupola) e dal latino *TRVLLVS* [10].

I casi di maggiore somiglianza si riscontrano nelle costruzioni adibite a stalle o rifugi temporanei di pastori, dove la "*maistratura dei pirriaturi*" è contenuta; la differenziazione è minima. L'unità abitativa vera e propria, che in Sicilia adotterà a partire dal settecento una pianta sempre più squadrata (pur mantenendo la stessa denominazione di "*pagghiaru*"), si diffonderà su tutto l'altopiano ibleo e darà vita nelle zone vulcaniche a sapienti giochi di bicromie.

Questa tipologia edilizia, vera e propria trasposizione in pietra della

---

[10] "Con estremità acuta"; in Roberto Corallo, Tipologie Primitive in Italia, Seminario tenuto nell'Anno Accademico 1986/87 nell'ambito del Corso di Composizione I, Facoltà di Architettura di Firenze

capanna vegetale, subirà una evoluzione verso il secondo archetipo citato precedentemente. Se dunque tutta la struttura di elevazione è realizzata in materiale lapideo fino alla imposta della copertura e la pianta è quadrangolare, allora tale tipo abitativo potrà essere denominato casa-capanna, in siciliano *"casa i mannara"* [11]. Essa emerge, quasi sempre priva di fondamenta, sfruttando gli affioramenti rocciosi ed i pendii per addossarsi. Spesso infatti, grotte o banchi rocciosi, divengono parte stessa dell'organismo edilizio. Nella sua evoluzione la costruzione è riuscita a raddoppiare la propria volumetria, immettendo delle differenziazioni funzionali attraverso la creazione del *"sularu"*, soppalco in legno

---

[11] A. Uccello, Bovari, pecorari e curatuli. Cultura casearia in Sicilia. Palazzolo 1980.

sovente adibito a giaciglio ed accessibile da una scala a pioli.

La struttura di copertura a spiovente sia singolo che doppio, è composta da una serie di travi lignee di ulivo, quercia, talvolta mandorlo, come gli architravi delle aperture di accesso. L'assito è realizzato attraverso l'uso di canne accostate o giunchi intrecciati, disposti in maniera ravvicinata, su cui è disteso successivamente il manto di copertura in coppi. Una tipologia costruttiva assai simile alla *casa ri mannara* è presente nella Liguria e nella Lucchesia, dove l'unica differenziazione è data dalla presenza di sottili lastre di ardesia al posto dei coppi in laterizio.

Sardegna, Puglia, Sicilia, Liguria, Toscana, solo per l'Italia, indicano come i processi evolutivi e le risposte costruttive a determinati bisogni, conducano spesso a soluzioni quasi eguali, se non addirittura identiche.

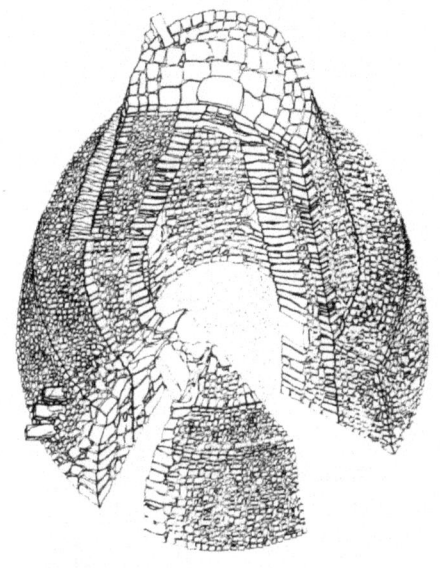

Spaccato assonometrico di costruzione rurale detta Scifo.
Tratto da G.Cataldi, Le ragioni dell'Abitare, Ed. Alinea

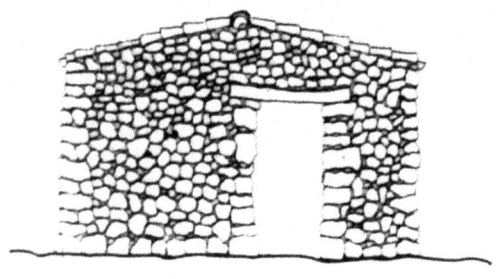

Prospetto di una Casa ri mannara
(loc. Renna -Noto)

Casa ri mannara (loc. Renna -Noto)
Sezione costruttiva quotata

Nella Sicilia sud-orientale il paesaggio è dominato da opere in pietra a secco: muri di confine, stalle, pagliari, mandrie, nivere (tutti i edifici minori) vengono realizzati con tale sistema costruttivo; la logica del mattone non fiorisce, perché è più economico recuperare la pietra, che inoltre risolve il problema di smaltire quella massa enorme di roccia prodotta dal dissodamento dei terreni.

Ebbene, l'ecosistema "sud-orientale", con la sua scarsa presenza di boschi, di "terra" ed invece caratterizzato dalla grande abbondanza di roccia ci ha condizionati profondamente; non solo, ma tali eventi si sono ripetuti in tutte quelle zone dove si ripresentavano gli stessi ingredienti, come ad esempio la Liguria ed il Massese, la Spagna e la Francia Meridionale!

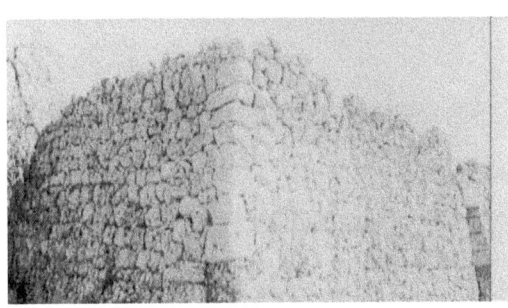

Trullo Abruzzese, usato come rifugio dai pastori (foto tratta da www.Prolocoagnone.com)

MURO MODICANO

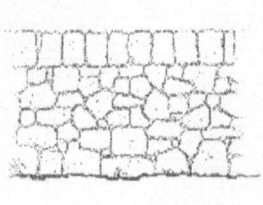

MURO RAGUSANO

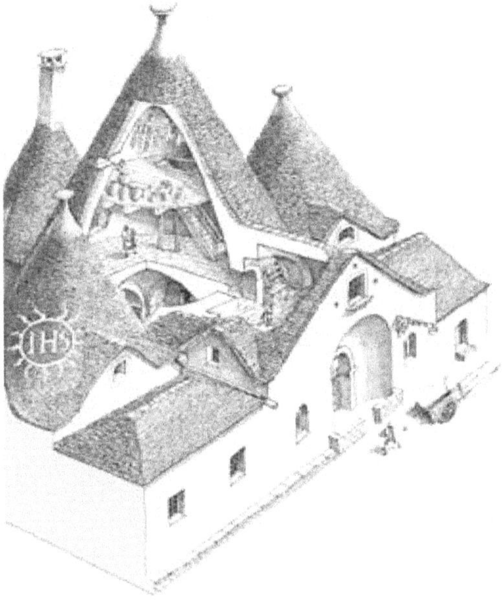
IHS

Trullo detto Sovrano, Alberobello Puglia
(foto tratta da http://web.dsc.unibo.it/)

Tipico trullo della valle d'Itria, da evidenziare anche la corte d'accesso
(foto tratta da www.italiys.com)

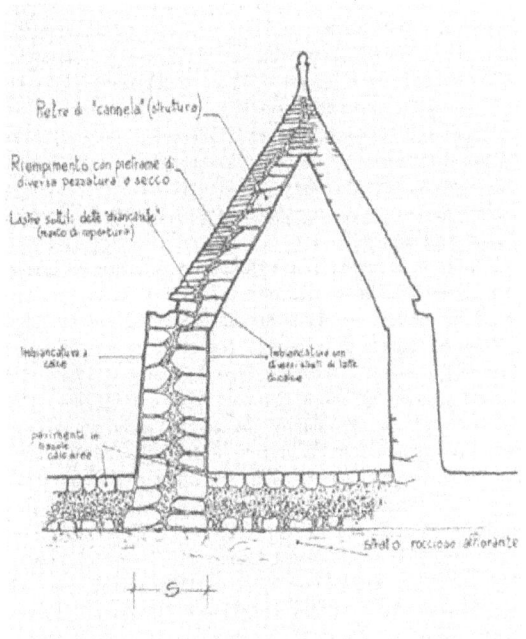

Sezione con schema tecnologico-costruttivo di un tipico trullo pugliese (disegno tratto da www.trullo.biz)

L' *adobe* o terra cruda.

Se volessimo conoscere quale tecnologia costruttiva sia la preponderante nell'intero globo, contrariamente a quanto potremmo sospettare, emergerebbe come il 65% del costruito venga realizzato in terra, ma attenzione non il laterizio, cioè la terra cotta, ma quell'insieme di terra, paglia e piccoli inerti, essiccati al sole, meglio conosciuto come *adobe*[12].

Dal tropico del Cancro al tropico del Capricorno ed oltre si stende una enorme area di utilizzazione della terra cruda. Contrariamente a quanto si possa immaginare, e cioè che l'uso del crudo sarebbe tipico delle zone aride o addirittura desertiche, la presenza dell'acqua è sempre condizione indispensabile per la formazione ed il conseguente sviluppo di questa antichissima tradizione edilizia;

---

[12] Adobe in spagnolo vuol dire mattone, derivante dall'arabo at-tub: mattone di fango crudo.

talmente antica da costituire essa stessa il concetto di città o insediamento. Dove l'acqua scarseggia si utilizzano le urine degli animali o quelle umane per l'impasto ed in alcune culture anche lo sterco.

*"Dunque si fa grande uso di questo materiale in Mesopotamia, come nell'Egitto dei faraoni (foto 1), in Europa, in Africa e nel medio Oriente. Civiltà come quella romana e musulmana e, in Asia (foto 2), quella degli Indù come l'altra dei monaci buddisti o degli imperatori cinesi costruivano in terra. Così facevano in Europa nel Medio evo e, contemporaneamente, presso gli indiani d'America, gli Aztechi nel Messico o i Mohica sulle Ande."*[13]

Dal punto di vista della logica evolutiva si può pensare che la più

---

[13] Jean Dethier, in Architectures de terre, Ed. Centre Pompidou Paris, 1986

elementare utilizzazione costruttiva della terra cruda si sia avuta come materiale di tamponamento per strutture lignee di elevazione.

Dalla sigillatura degli interstizi tra pali accostati alla realizzazione di vere pareti di tamponamento, fino alla creazione romana dell'OPVS CRATICIVM[14], si intravede l'evoluzione tecnologica che ancora oggi può essere constatata nei modi di abitare e costruire di numerose popolazioni dell'Africa o dell'Asia. Così il mattone da semplice impasto informe, successivamente plasmato a mano secondo forme semisferiche o cilindro-coniche irregolari, subirà una evoluzione avvicinandosi, per l'uso sempre più frequente di

---

[14] L'intelaiatura lignea deve essere costituita da due file di rami intrecciati, distanziate e parallele da poter contenere all'interno della sua maglia il manufatto terroso. Tale parete poteva essere successivamente intonacata.

stampi lignei, al modello parallelepipedo più consono alla logica costruttiva.

Tutti i paesi del bacino mediterraneo trovano imponenti manifestazioni di quest'arte, senza parlare delle magnifiche città imperiali del Marocco o le torreggianti costruzioni di Sa'anà in Yemen, veri e propri grattacieli ante litteram. Ma anche le coste della nostra penisola testimoniano l'antica presenza di mattoni in terra cruda, con strutture risalenti alla prima metà del VI sec. a.C.: le mura di Region e quelle a noi molto più vicine di Gela[15].

Queste tecniche edilizie erano così diffuse nell'antica Grecia che spesso si trovano associate ad altre di ben diversa matrice e qualità,

---

[15] D.Mertens, Urbanistica e Architettura, in Atti del XI Convegno di Studi sulla Magna Grecia, Taranto 1982.

come per il tempio di Hera in Olympia.

Come dicevamo, in Italia numerosi rinvamenti archeologici hanno testimoniato la presenza di manufatti in terra realizzati con tecniche diverse (*torchis*, *pisè*, *adobe*, *bouge*).(Foto 3).

Attualmente, fra le costruzioni rimaste, la tecnica in crudo maggiormente diffusa è quella dell'*adobe*.

Numerosissime sono in Sardegna le *Domu* in terra distribuite nella regione del Campidani; insediamenti costruiti con mattoni crudi chiamati "*làdiri*" o "*làdri*"[16]. Dopo la Sardegna, la piana di Marengo (Al) è l'area di maggiore concentrazione di strutture in terra, dove è presente la tecnica della terra battuta (*pisè*[17]).(foto 4).

---

[16] Dal latino LATER
[17] Pisè dal francese *piser*, che vuol dire pestare, cioè compattare con un pestello, un impasto terroso non troppo umido

Molti centri storici, con analoghe strutture composte da terra e paglia sono presenti anche nel sud Italia: dalle "Casedde" calabresi alle abitazioni lucane di Eboli e Aliano; più a nord ritroviamo l'*adobe* in strutture miste (Valdarno, Pianura Padana); in strutture interamente in mattoni (Cento ed aree dell'alessandrino); in strutture di legno dette *fachwerk*, utilizzanti la terra come tamponamento, in Alto Adige.

---

all'interno di apposite cassaforme; è una tecnica costruttiva assai diffusa nell'area medio - orientale. Essa consente di realizzare muri rettilinei di grosse dimensioni, praticamente costituiti da blocchi di terra sovrapposti e sfalsati tra loro.
Detti blocchi possono essere fabbricati direttamente in opera , ed in tal caso la costruzione procede orizzontalmente folare per filare, oppure "formati" a piè d'opera, ossia prefabbricati e successivamente montati a secco.In Giancarlo Cataldi, Tipologie Strutturali nell'architettura primitiva, 1987, Università di Firenze

Infine nelle Marche e negli Abruzzi l'abitazione rurale è caratterizzata dal *Massone* o *Bauge*.

Proviamo adesso a delineare l'iter costruttivo di una *Domu* sarda: l'opera iniziava con l'escavazione delle fondamenta e del pozzo, che davano la terra necessaria alla costruzione. Successivamente questa veniva vagliata, bagnata e il giorno seguente unita alla paglia di grano per formare l'*impastu*. Raggiunta la completa idratazione e amalgama si procedeva alla formatura. Il fango[18], disposto

---

[18] *È un composto di acqua ed argilla la cui massa pastosa e duttile, per successiva evaporazione naturale o artificiale, diviene solidale.* Questo processo ne ha determinato l'ampio uso nel mondo, con scopi e tecniche svariate, grazie anche alla capacità che hanno i componenti argillosi di assorbire acqua in grande quantità per poi ricederla dopo aver permesso la formatura . Adoperato spesso allo stato grezzo, il composto assume vari colori, per la variegata miscela minerale; *l'aggiunta di*

dentro gli appositi stampi, veniva sformato e lasciato essiccare fino a completa maturazione (1-2 anni)[19].

A prodotto finito, partendo da una base in pietra, i *làdiri*[20] vengono disposti come una normale muratura, utilizzando una malta di terra quale legante. A seconda del senso longitudinale o trasversale della posa in opera dei *làdiri*, si

---

*materiali vegetali e paglia , pula, canne spezzate, giunco, erica, lino , oltre ad alleggerirlo notevolmente ne aumentano l'elasticità, la protezione termica ripartendo inoltre gli effetti del ritiro durante la fase dell'essicamento; altri componenti come la sabbia ed il pietrisco utilizzati spesso come smagranti dell'argilla rafforzano anche la resistenza a compressione, mentre succhi derivanti da piante grasse quali cactus e fichi d'India vengono adoperati con funzioni coagulanti.*Tratto da Di fango di paglia… Architettura in Terra Cruda in Calabria, Ottavio Cavalcanti, Rosario Chimirri , Rubettino Editore 1999.

[19]In Le ragioni dell'architettura in terra, a cura di Gianni Scudo e Sergio Sabbadini, Maggioli Editore, 1997

[20] le cui dimensioni sono 10x20x40,

realizzano le murature portanti e le tramezzature (*ladiri* disposti longitudinalmente). Le cornici di porte e finestre, i cantonali ed il coronamento della costruzione sono realizzati in pietra o in cotto, per le più spiccate prestazioni di resistenza all'usura.

Nelle regioni dove è presente il rischio sismico, Calabria, Turchia, Medio Oriente, vengono utilizzate intelaiature in materiali vegetali o vere e proprie tralicciature in legno, allo scopo di migliorare le prestazioni antisismiche.
Stupisce scoprire come in aree così diverse del pianeta, anche temporalmente, esistano di queste tecnologie costruttive altrimenti associate dall'immaginario comune a luoghi esotici. (foto 5).

La Terra Cruda sta rivivendo una grande stagione non solo in campo demo-etno-antropologico, ma anche tecnologico per le prestazioni inerenti la salubrità dell'abitare tanto da divenire emblema stesso della casa ecologica, soprattutto in Europa.

Foto 1. Le fasi della produzione dell'adobe, bassorilievo egizio del Nuovo Regno (1500 a.C. c.ca)

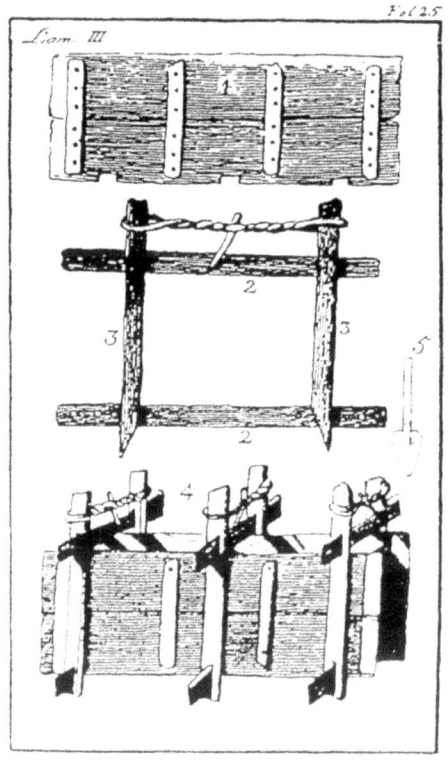

Foto4. Stampa da un manuale francese. Cassaforma riutilizzabile per realizzare il *pisè* (da Ponga).

Foto2. Manuale miniato proveniente dall'area indiana del XVIII sec. Tecnica della terra compatta.

L'architettura vegetale.
Arte ed artificio.

*Indagare i vari modi del costruire umano, nello spazio e nel tempo, non poteva che condurci nell'ambito naturale o naturalistico dell'architettura vegetale.*

Il passaggio dal semplice riparo, la grotta o il tronco cavo di un albero, alla costruzione cosciente di un organismo, adibito via via ad usi sempre più specialistici, può essere considerato il salto definitivo dell'uomo nell'era tecnologica. Tale constatazione, riferita al diverso grado di evoluzione che essa comporta, consente di individuare proprio in questo sviluppo processuale le prime acquisizioni strutturali delle civiltà primitive.

Il genere umano scoprì l'universo del "flessibile", rappresentato dal mondo vegetale delle foreste e dei boschi,delle savane e delle taighe che in periodo preistorico coprivano aree più estese delle attuali.

Fu così che si sviluppò una serie

Madrasa scuola coranica in Senegal. L'edificio religioso è interamente costruito in terra cruda o odabe. Il ruolo di irrigidimento strutturale è affidato alle travi in legno che qui sono ricoperte da terra a formare un elegante motivo a semicolonna.

impressionante di tipologie abitative, legate esse stesse alle condizioni climatiche, alla varietà vegetali presenti, alle loro caratteristiche intrinseche, ma tutte accomunate da alcuni aspetti tipologici basilari, così riassumibili: *le strutture ad arco inflesso*; *le strutture ad arco rigido*; quelle a *triligne* ed infine le strutture più complesse come le *palizzate,* le *cortine* ed *i graticci*[21].

Ancora oggi tali antiche acquisizioni, tali innovazioni tecnologiche, permettono a milioni di persone di vivere e ripararsi in tutto il globo.

Immaginando la prima struttura umana diremmo che essa sarà apparsa assai simile ai *nidi* delle scimmie, poichè anche queste[22] ( i nostri più prossimi parenti del mondo animale) riescono a costruire dei giacigli intrecciando ad esempio le palme o le giovani fronde delle foreste pluviali. In tali costruzioni[23] emerge una sorta di

---

[21] sino alle strutture modulari, prefabbricate del ballom frame, l'arte di costruire con piccole tavole le case dei primi coloni americani.
[22] Scimpanzé, orang utang e gli stessi gorilla, anche se con strutture a giaciglio.
[23] ma non è forse questa la casa di Adamo?, come già aveva evidenziato nel

intelligenza istintiva, ancora oggi oggetto di disquisizioni scientifico-antropologiche. (fig. 1)

Le società preistoriche hanno quindi utilizzato in un primo tempo i rami flessibili (strutture ad arco flessibile) e successivamente quelli rigidi (strutture ad arco rigido) ed infine i tronchi. Sezioni vegetali più ampie infatti ripagano della maggior fatica del taglio e della messa in opera, con una maggiore resistenza e durabilità, che potremo tradurre in moderne capacità strutturali grazie all'aumento dimensionale degli spazi abitati e all'arricchimento della gamma tipologica.

Dalla capanna cupoliforme[24] o da quella ad arco inflesso è partita la rivoluzione del concetto di abitare,

---

1929 il primatologo americano Yerkers?
[24] Come dall'immagine riproducente un "Oddur" riparo cupoliforme della Somalia, o le capanne degli Zulù

come dimostra la stessa archeologia, dove la struttura elementare e leggera del riparo era realizzata solo con rami giovani lunghi e sottili, tali da consentirne la piegatura completa ad arco (fig. 2).[25]

A questa struttura portante veniva poi sovrapposto un ordito vegetale secondario, costituito da rami, giunchi, fascine di vegetazione filiforme disposti con funzione di copertura (in foglie[26] , in pelle d'animale o in fasci d'erba ben annodati con fibre vegetali).

Fortunatamente non dobbiamo spingerci troppo con l'immaginazione per ricostruire tali manufatti dell'era antropozoica, poiché sia le culture Africane odierne sia quelle delle Americhe

---

[25] in G. Cataldi, Le ragioni dell'abitare, Electa, Firenze
[26] nelle zone tropicali spessissimo di banano.

ne posseggono numerose varietà. (fig. 3).

Con il miglioramento della strumentazione litica *l'homo erectus*[27] riuscì a lavorare legname con sezioni maggiori, ma con minore capacità flessionale è ciò portò ad una lenta variazione della morfologia delle costruzioni, la cui forma già ricorda il concetto che un po' tutti abbiamo di capanna, cioè la tipologia tronco conica..

Quindi, l'ulteriore grado evolutivo fu ottenuto dall'assemblaggio di lunghe pertiche, disposte mutuamente inclinate, così da contrastarsi tra loro creando la cosiddetta matrice conica, la cui più celebre applicazione può essere considerato il "tepee" degli indiani d'America. (fig. 4)

Il meno noto "dasa"[28] somalo ci permette di comprendere invece

---

[27] ,cosi come il *neanderthal* e successivamente il *sapiens*

l'evoluzione del sistema vegetale; qui infatti, al posto della pelle di bisonte viene usato un manto d'erba. Il sistema di aste di legno è ancorato al suolo, inclinato di quel tanto da convergere verso il centro. Le pertiche sono saldamente legate per consentire l'impiego di elementi di copertura aventi dimensioni limitate, mentre piccoli fasci di paglia e rami compongono il manto esterno, lasciando aperto un varco di accesso di forma triangolare. (fig. 5)

Il giunco, le canne, il bambù, la palma, le liane e le centinaia di essenze che compongono la flora dei continenti permisero alle varie comunità di erigere costruzioni autoctone, attraverso la continua ottimizzazione dei manufatti, con le

---

[28] Realizzato dalle popolazioni dei Dik Assaortini, in Giuseppe de Micheli, Tecnologia e genesi dell'edilizia, Gangemi Ed., 1998

opportune variazioni del procedimento costruttivo, sempre però in relazione con le risorse reperibili nel territorio ed alla cultura tecnica di quel popolo.

L'aspetto più affascinante della vicenda è la scoperta nelle culture locali italiane di tipologie "primitive", ma è solo con il passaggio alle strutture rigide a matrice tetto, sia ad uno che a due spioventi, che emerge un'impressionante varietà già solo in ambito locale. I ricoveri provvisionali in canne o i numerosi *pagliari*, ormai scomparsi, puntellavano il territorio costiero siciliano fino a metà del xx° secolo.

Tali procedimenti costruttivi, disseminati in tutto il globo, gli antenati delle nostre abitazioni odierne, si basano sull'impiego di impalcati sostenuti da telai o da intelaiature perimetrali e intermedie, coperte da un tetto a falde o da una volta a botte o addirittura ricoperti di terra[29] (fig. 6), sempre in risposta a logiche prestazionali: interrate per climi freddi, graticciate per climi temperati, alte ed aperte per climi tropicali.

Le culture neolitiche siciliane, poi quelle del bronzo ed infine quelle del ferro produssero varie tipologie abitative, in cui tali acquisizioni tecnologiche vennero sperimentate ed applicate nel lungo arco evoluzionistico, ma ahimè anno lasciato solo esili trecce archeologiche[30] quali le buche dei pali o le semplici strutture fondali

---

[29] culture nord europee ed americane. (Aleutini ed Eschimesi)

[30] Il materiale è facilmente deperibile, tuttavia sovente restano evidenti tracce come ad esempio nel Villaggio di Stentinello, nel Villaggio di Pantano Morghella, a Lipari, a Castelluccio e Finocchio, solo per citarne alcuni; in Paolo Orsi, Quattro anni di esplorazioni Sicule nella provincia di Siracusa (1890-93), Parma 1894

che spesso non raggiungono i pochi centimetri di altezza.

Le aree centro settentrionali italiane, hanno invece mantenuto una varietà tipologica e morfologica molto elevata, diretta discendenza degli usi e costumi abitativi della cultura celtica, e non di rado i ricercatori possono imbattersi in strutture (tuttora esistenti) identiche a quelle di un villaggio celtico del V secolo avanti Cristo!

Ultimo passaggio nella trasformazione architettonica della capanna, in tutte le sue varie matrici, può essere considerata la tecnologia della falda, impiegata attraverso l'uso della canna (fig. 7) o del bambù e del tronco in legno appena sbozzato: la prima utilizzata in tutte le regioni a clima tropicale, spesso associata alla mancanza di chiusure verticali di tamponamento[31] ( i tapiri degli Yohoama in Amazzonia), la seconda detta dai tecnologi matrice prismatica a tetto con procedimento a setti, tipica delle comunità stanziali, sorta spesso all'interno di ambiti territoriali condizionati dall'esigenza della coibenza termica. Quest'ultima altro non è che la famosa baita dell'arco alpino (fig. 8), tipica dell'Alto Adige, che utilizza il sistema del block bau, la costruzione in tronchi d'albero appena sbozzati e disposti alternativamente.

I tronchi sono correlati agli angoli grazie ad appositi incavi ricavati sulle parti terminali, in modo da bloccare i ricorsi, e sigillati con malte di terra realizzando una costruzione parallelepipeda, molto stabile e dalla altissime capacità termo-igrometriche. Ma poiché le

---

[31] Per meglio rispondere al clima tropicale, assai umido e piovoso.

conoscenze tecnologiche si sono sviluppate nello spazio e nel tempo, non dovremmo stupirci di ritrovare dall'altra parte del globo, in Melanesia (fig. 9), una costruzione in tutto uguale a quella alpina, unica differenza l'utilizzo della palma da cocco come materiale da costruzione[32].

---

[32] In realtà il tetto è realizzato con le foglie di palma ed i tronchi non sono perfettamente addossati, al fine di garantire un sufficiente circolazione d'aria.

Fig. 3 Capanna delle popolazioni Mao dell'acrocoro etiopico. Gli elementi destinati alla realizzazione degli strati di copertura possono essere realizzati con stuoie, pelli di animali, cortecce d'albero, paglia e fango, fascine di erba secca.

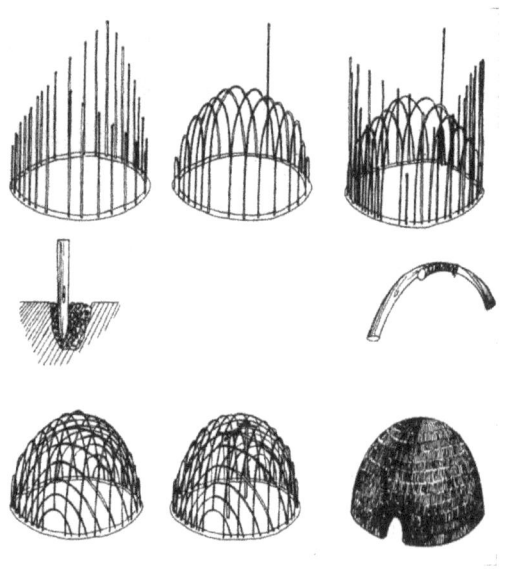

Fig.2. Successione schematico costruttiva della capanna Zulù, dell'Africa sud-orientale.

Fig. 4. Il tepee dei Piedi Neri, il più classico esempio di rifugio altamente specializzato per la vita nomade

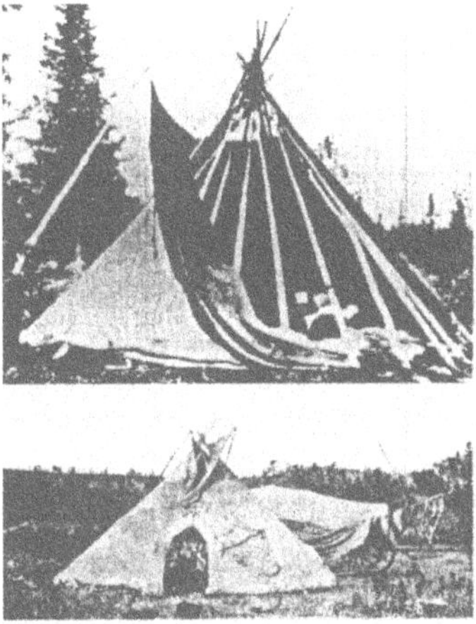

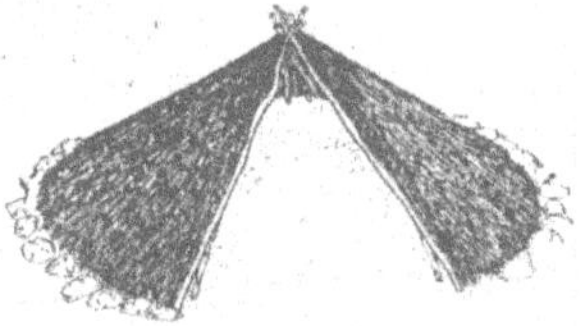

Fig. 5. Disegno assonometrico del dasà dei Dik Assaortini della Somalia. Il manto di copertura è composto da foglie e fasci di paglia, lasciando aperto un varco di accesso dalla forma triangolare.

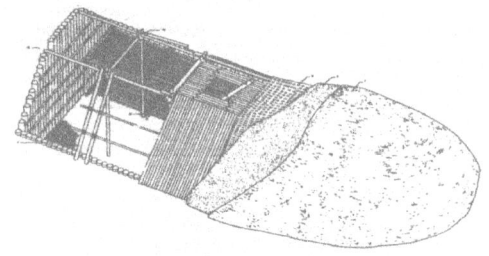

Fig.6. Abitazione parzialmente interrata degli Aleutini dell'America Settentrionale, dove la necessità di proteggersi dalle condizioni climatiche ha determinato una matrice prismatica a tetto. (Disegno Tratto da G.De Micheli op. cit.)

Fig. 9. Abitazione tipica delle popolazioni isolane della Melanesia.

Fig. 8. La Baita Alpina, esempio di matrice prismatica tetto.

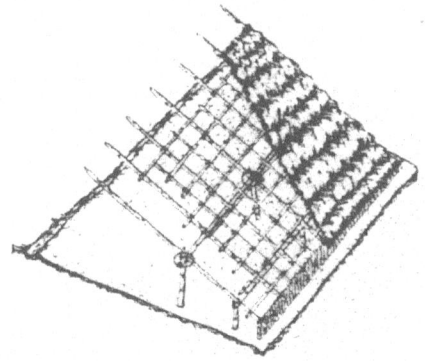

Fig. 7. Sciapuno, riparo degli Yohoama dell'Amazzonia, riduce all'essenziale il concetto di costruzione a falda.

Fig.1. Tecnica istintiva di intreccio attuata dagli scimpanzé per la realizzazione del giaciglio notturno.

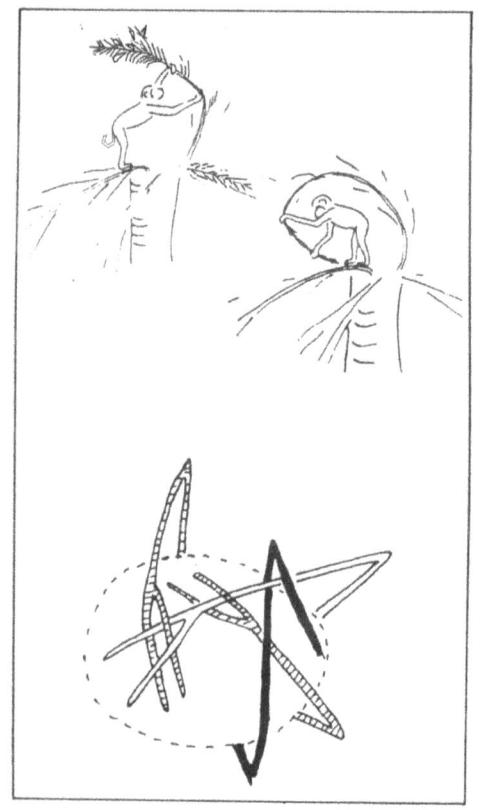

# Lo sviluppo tecnologico nell'architettura spontanea

La rivoluzione industriale, iniziata nel XVIII secolo in Inghilterra e da lì diffusasi in tutto il globo sembra assai lontana, ormai considerata il retaggio di una età passata, tanto da dover parlare di civiltà post-industriale.

Concetti come high-tecnology, design, ergonomia, vengono associati comunemente alla cultura materiale del XX secolo; ne siamo proprio certi? Veramente queste date conoscenze non hanno mai avuto precedenti nella storia? Elementi del processo produttivo come la standardizzazione, la prefabbricazione, o l'unificazione, patrimoni della nostra cultura, sono figli dei processi della produzione industriale? Ma la cultura materiale primitiva non ha mai operato scelte di questo tipo?
Dovremo ricrederci di tali asserzioni!

La necessità di adattamento sviluppata dalle culture umane presenti in tutto il globo ci permette di confutare tali tesi, addirittura ci indicherà concetti di assoluta innovazione tecnologica.

Volendo esemplificare potremmo citare come ancor oggi in estremo oriente le canne di bambù vengano utilizzate, quali strutture pontaie, realizzando imponenti impalcature per la costruzione o la manutenzione dell'edificato, così come lo erano nel XVI secolo; inoltre il bambù è stato impiegato nel tempo anche per la sua estrema resistenza e grande elasticità quale componente di strutture smontabili: ad esempio le capanne malesi o addirittura per le condutture idriche.

Considerando in specifico il tema della nostra ricerca, cioè l'abitazione o il riparo possiamo sin da ora affermare come tali innovazioni tecnologiche siano evidenti nelle culture nomadi, dove alle necessità derivanti dal regime di vita si associavano le necessità di costruire un riparo mobile, efficiente e soprattutto facilmente trasportabile. L'abitazione di conseguenza si specializza al massimo grado: le difficoltà ambientali impongono forme strutturali leggere e standardizzate, tali da poter essere smontate facilmente e trasportate sul dorso degli animali da soma.[33]

La *tenda*[34] *nera* del deserto (fig.1), rappresenta un caso emblematico di tali logiche prestazionali. L'assenza di vegetazione infatti

---

[33] In A.A.V.V., Attualità del primitivo e del tradizionale in architettura, Alinea Editore, ottobre 1989, p.25

[34] *"La parola tenda dal latino tendere, tirare conserva il significato etimologico della trazione, la sollecitazione caratteristica di questo genere abitativo"*, in Castaldi. G., Pizziolo G.,"Territorio e tende", in L'universo, n.1 p.32 , Firenze 1985

imponeva un utilizzo parsimonioso del legname, la cui reperibilità nelle aree sahariane è pressoché nulla; i Berberi quindi hanno ridotto la presenza del legno a solo due pertiche, demandando alla spessa tela della tenda (fig. 2) ed alle corde (tiranti) la funzione strutturale. Ebbene, se confrontiamo la tensio-struttura[35] dello Stadio Olimpico di Monaco di Baviera (fig. 4) e una tenda berbera vedremo applicato lo stesso principio tecnologico-strutturale, cambieranno solo i materiali.

Non solo, anche il design, inteso come autonoma trasmissione delle esperienze da una generazione all'altra, ha prodotto un pezzo speciale (fig. 3) che funge da

---

[35] Munchener Olympien Stadium, struttura avveniristica progettata negli anni '60 per i giochi Olimpici di Monaco di Baviera del 1970.Stupì l'innovativo sistema di copertura , basato proprio sul principio delle tende e realizzato con superfici traslucide speciali.

attacco tra tenda e pertiche, frutto di una lunghissima attività di sperimentazione.

Altra popolazione che ha risposto in termini estremamente moderni al concetto della costruzione provvisoria è stata quella dei Mongoli del Gobi, con la *yurta*, tipico riparo della steppa euro-asiatica .Questa rappresenta il punto di arrivo di un lungo processo evolutivo: il passaggio dal riparo a matrice conica a quello a matrice cilindro-conica (cioè la capanna stanziale).

La yurta, riparo completamente prefabbricato, è formata da una serie di graticci (fig. 4) disposti in modo da creare un tamburo circolare richiudibile ed estremamente flessibile. Tali elementi fungono da struttura di elevazione o chiusura verticale, mentre una serie di asticelle molto deformabili sopperivano alla necessità di un esile orditura del tetto, incuneandosi in una ghiera sagomata in legno[36]. Su questa copertura vegetale ( telaio) erano successivamente disposti dei manti isolanti in feltro e la pelle di yuk. Certo il Deserto del Gobi e le sue steppe hanno prodotto essenze e tipologie abitative diverse, ( nella yurta infatti c'è maggiore presenza di legname ) ma la logica costruttiva è la stessa.

Resistenza al freddo, trasportabilità, semplicità di montaggio e smontaggio ricordano tanto le nostre moderne attrezzature; eppure già solo in questi due casi analizzati, appartenenti a due zone aride del pianeta assai distanti fra di loro, risultano evidenti quei processi di sviluppo tecnologico, di coerente

---

[36] altro pezzo dall'eccezionale design, con la funzione di stabilizzare l'esile impalcato formato dalle asticelle.

utilizzo dei materiali e soprattutto un uso parsimonioso delle risorse, consoni ai moderni criteri etico-ecologici.

C'è ancora molto da meditare....

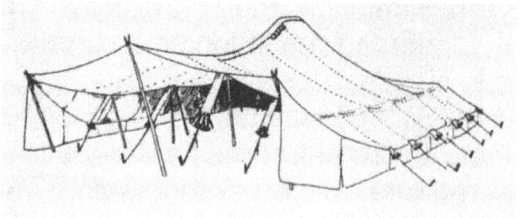

Fig.1) La tenda nera. Schema costruttivo in cui sono evidenti le gerarchie strutturali affidate ai tiranti ed alle pertiche, queste ultime si intravedono all'interno. (dis. G. Malandrino)

Fig.2) Tenda nera realizzata da nomadi palestinesi, nell'area del Negev.

Fig. 3) Dispositivo usato dalle comunità nomadi marocchine dei Tekna, la cui forma permette l'ancoraggio delle aste incrociate (in sommità) in modo da essere correlate e da risultare notevolmente divaricate alla base.

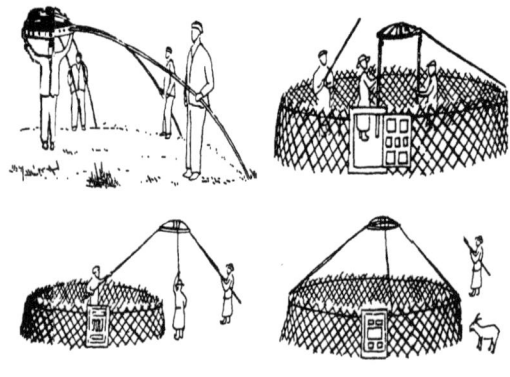

Fig 4 ) Le varie fasi costruttive della yurta. Tratta dal libro di Giuseppe de Micheli, Tecnologia e genesi dell'edilizia, Gangemi Ed., 1998

# Bibliografia

A.A.V.V., Attualità del primitivo e del tradizionale in architettura, Alinea Editore, ottobre 1989.

G. Castaldi, G. Pizziolo,"Territorio e tende", in L'universo, n.1 p.32 , Firenze 1985.

G. Cataldi, Tipologie Strutturali nell'architettura primitiva, 1987, Università di Firenze.

O. Cavalcanti, R. Chimirri, Di fango di paglia... Architettura in Terra Cruda in Calabria,Rubettino Editore 1999.

R. Corallo, Con estremità acuta", Tipologie Primitive in Italia, Seminario tenuto nell'Anno Accademico 1986/87 nell'ambito del Corso di Composizione I, Facoltà di Architettura di Firenze.

G. De Micheli, Tecnologia e genesi dell'edilizia, Gangemi Ed., 1998.

J. Dethier, in Architectures de terre, Ed. Centre Pompidou Paris, 1986.

D. Mertens, Urbanistica e Architettura, in Atti del XI Convegno di Studi sulla Magna Grecia, Taranto 1982.

P. Orsi, Quattro anni di esplorazioni Sicule nella provincia di Siracusa(1890-93),Parma 1894.

G. Scudo, S.Sabbadini , Le ragioni dell'architettura in terra, a cura di,Maggioli Editore, 1997 Realizzato dalle popolazioni dei Dik Assaortini,

A. Uccello, Bovari, pecorari e curatuli.Cultura casearia in Sicilia. Palazzolo 1980

# Indice

prefazione ...............................p 4

Verso una Architettura biologica? .p 7

L'arte della pietra a secco............p 14

L' adobe o terra cruda..................p 34

L'architettura vegetale. Arte ed artificio............................................p 48

Lo sviluppo tecnologico nell'architettura spontanea..................................p 67

Bibliografia..................................p 77

Indice .........................................p 79

## Note

Milton Keynes UK
Ingram Content Group UK Ltd.
UKHW020646220124
436466UK00019B/783

9 780244 853594